# Primer Vistazo al Alma

## Versos, poemas, pensamientos

Nela Rojas





ISBN: 9798845837851

***

Acompáñame en este primer viaje, exponiendo mi alma y mi corazón. En estas páginas encontraras el amor, el dolor y el caos de quien sigue aprendiendo a vivir.

Dedicado al amor de mis vidas, de mis caminos y de mis sueños.

***

# Así como eres

La fuerza de tus manos que tocan mi cuerpo.
Tu mirada sincera, profunda, que toca mi alma.
Tu aroma que penetra mis sentidos, que me eriza la piel.
Eres tú, así de simple. Con tu ser imperfecto, que me acelera el corazón.
Te quiero así, como eres.

# Libertad

¿De qué sirve un te quiero,
si al decirlo solamente contesta el silencio?

Pero si se deja guardado en el pecho
y nadie lo escucha se vuelve prisionero
y el corazón se enferma y lentamente va muriendo.

Entonces soltaré el te quiero y lo dejaré libre
para que no sea prisionero y para que al irse
con el viento no regrese nunca más
y pueda entonces al fin olvidar.

# Ventanas de mi alma

Mis ojos lo decían todo
Te di mis miradas más profundas y sinceras
Abrí las ventanas de mi alma

Y tú tranquilo y paciente
Lograste interpretar lo que decían
Lograste leer entre líneas

Viste mi ser desnudo
Mis más profundos deseos
Mis miradas fueron solamente para ti
Puedes ver a través de mi.

# Me cansé

Me cansé de decir te quiero y que responda el silencio.
Me cansé de sentir que esto es solo mío y me quedé sin fuerzas para seguir sola.
Me cansé de los días buenos porque siempre les siguen los malos.
Me cansé de mí, de mi corazón que ama sin límites y se acelera hasta que no da más y termina estrellándose con tu indiferencia.
Me cansé y quisiera cerrar los ojos y poder descansar y poder olvidar.

# Por Instante

Por un instante solté mis miedos y me dejé llevar.
Fui como pluma atrapada en la brisa y bailé y reí y amé.
Y entonces el miedo me alcanzó y me sujetó nuevamente y fui roca y me hundí.

# Alma Desnuda

Con el alma desnuda
Pongo mi ser al descubierto
Y vierto mis sentimientos frente a ti.
Así sin filtros, honesta, vulnerable, expuesta, en carne viva.

# Te olvidé

Por un instante perdí la cordura y olvidé que te amaba.
Me dejé llevar por una falsa ilusión y sin querer, olvidé que te amaba.
Caminé buscando lo que ya tenía y me perdí sin poder recordar el camino de regreso a ti y nuevamente olvidé que te amaba.
Hoy al fin recordé cuanto te amaba, cuanto te amo.
Hoy estoy segura de que lo demás no son más que mentiras.
Espero que no sea tarde y que no hayas olvidado que también me amas.

# Todo te di

¿Qué más quieres de mi?
Si te di todo
Te di mis mejores momentos
Te di mis miradas más sinceras
Te di mi cuerpo
Te abri mi mente

¿Qué más puedo darte?
Si nada me queda
Si todo es ya tuyo
Te dedique mis mejores canciones
Te di mi alma
Te adueñaste de mi corazón.

¿Qué me queda a mi?
Si al final lo di todo
Me diste poco tu
Me quedan las huellas de tus dedos en mi piel
Me quedan tus besos
Me quedan solo instantes de felicidad.

# Libre

¿Y si vamos dejando las cosas claras?
Que tú me ames y que yo te quiera
No significa que sea tuya.
Porque yo he sido y sigo siendo mi propia dueña.

Nos podemos amar así,
Simple, sin ataduras, libres.
Que al final no somos de nadie.
Que el amor no ata.
Que el amor libera.

# Así

Que delicia amarte así sin reservas ni tapujos.
Hoy amanecí queriéndote con cada fibra de mi ser.
No sé si mañana te seguiré amando con la misma intensidad.
Tanto amor no puede ser verdad.

# Noche

Y entonces la noche cae
Y la luna se levanta
Y tú presencia me acecha
Y tu recuerdo me embriaga
Y cuento los minutos
Y cuento las horas para que la luz regrese.

# Amor

Y al final se trata de entender que el amor es libre.
Que lo que se ama no se ata.
Y que aunque tratemos de amarrar al cuerpo.
La mente y el corazón no podrán ser sometidos.
No podemos controlar a quien elige querer el corazón.
No podemos limitar la mente de nadie ni sus pensamientos ni sus recuerdos.

# Verdad

No, no se mentir
Ni mis ojos ni mi boca
saben de mentiras.

Si te dije te quiero,
es porque te quise
Si te dije te extraño,
es porque lo hice
No, no se mentir

Si mis ojos y mi boca
hoy no te dicen nada
Es porque simplemente ya
no hay nada que decir.
Porque yo no, no sé mentir.

# Secreto

Me estalla el corazón
No soy capaz de contenerlo
La ola de sentimientos ebulle
Como agua expuesta al fuego

Mi alma se lamenta
Mi ser completo se doblega
Por qué guardar este amor en secreto
Me lastima, me condena.

# Sin Permiso

La tomaste cuando no era para ti
Así frágil en su instante más débil
Y así de a poco la hiciste creer en ti
Liberaste sus demonios en un momento febril.

La hiciste secreto pero no lograste domarla
Ahora quieres regresar el tiempo
Cuando una y otra vez pretendiste amarla
Cuando ya era tarde para el lamento

# Tan Difícil

Que difícil admitir que te amo
Más difícil es saber que no eres para mi
Saber que lo que siento jamás será correspondido.

Es por eso que me niego a admitirlo
Y guardo ese sentimiento en el fondo de mi ser
De vez en cuando se asoma y sale
En forma de lágrimas que empapan mi alma

Que difícil admitir que te amo

# Silencio

Cuando no dice nada lo dice todo
El silencio es mucho más revelador
Expresa más que mil palabras
Tu silencio lo dice todo

Yo te confieso que a veces deseo que continúes así, en silencio.

# Ese Sentimiento

Te quema la piel
Te nubla la mente
Te carcome el alma
Te enloquece, te tortura

Te hace perder la cabeza
Te revuelve las entrañas
Te enciende
Te deja sin aliento

# Nos dejamos ir

Que fácil te rendiste
No hubo lucha
No peleaste por mí
Así sin más me dejaste ir

Que fácil me rendí
No hubo lucha
No hice nada por nosotros
Así sin más nos dejamos ir

# Todo y Nada

Hablamos de todo y nada
Callando, evadiendo la verdad
Te acercas, me alejas
Me limitas, me abro, te cierras.

Enloquezco, me alejo y me acercas.
En un baile constante, vamos sin rumbo
Me confundes, me silencias
Amigos, extraños, cercanos, distantes.

Soy pasión, berrinche, intensidad.
Abierta, sincera y verdad.
Eres calma, cerebro, frialdad.
Distancia, confusión y dolor.

# Callaré

Callaré porque así lo has pedido
Callaré, aunque me mate el silencio
Olvidaré porque tú lo has querido
Olvidaré lo que nos ha unido

Ahogaré mi dolor en el tiempo
Ahogaré lo que grita mi cuerpo
Viviré sin mirar los recuerdos
Viviré una vez más pretendiendo

Regresarás, volverás y te veré llegar
Regresarás y ya serás un recuerdo
Buscarás lo que me hiciste olvidar
Buscarás encontrar lo que no existe más.

# Frente a Frente

Aquí estamos frente a frente
Con la mente y el alma desnudas
Sin saber si aferrarnos fuertemente
O si bien dejarnos ir.

# Fuiste

Fuiste amigo, confidente, compañero
Amante, mi lugar seguro.
Te quise más de lo que debía,
Te necesité más de lo que quería.

Si hoy preguntas, no sé qué eres.
No sé si te extraño o si te quiero
Si preguntas mañana, no sé si estás.
Agradezco lo que fuiste y ya no eres más.

# Anhelo

Mi piel necesita tus caricias
Mis labios tienen sed de tus besos
Mi ser pide a gritos tu presencia
Mi lugar está siempre en tus brazos

Anhelo volver a verme reflejada en tus ojos.
Mi alma desea unirse de nuevo a la tuya
Quiero regresar a esos momentos, retenerlos.
Tus piernas fuertemente abrazando mi cintura.

Los recuerdos me atormentan
Necesito la locura que provocan tus dedos en mi sexo.
Trato de respirar, los latidos se aceleran
Tu boca en mis labios, tu cuerpo y mi cuerpo

# Sabes que te amo

Sabes que te amo
porque no puedo evitar que mi boca te lo susurre al oído
Sabes que te anhelo
porque mi piel te lo dice a gritos cuando la rozas con tus dedos

Se que me amas
Porque tus ojos lo gritan cuando me miras
Se que me deseas
porque lo escribes con tus dedos sobre mi piel

# TU

Mi corazón se expande, crece al pensar en ti.
El equilibrio y la cordura se desvanecen
al recordar tus manos sobre mi piel,
la humedad incrementa al imaginar tus dedos en mi sexo.

Me pierdo por completo
al sentir de nuevo tu aliento en mi cuello.
Mi ser se estremece con tu mirada,
tus ojos que conectan con los míos
y se adentran en mi alma.

# Sueño

Anoche estuviste en mis sueños
Y pude verte tan real, tan presente
Como antes, como siempre
Olvidé por un momento la realidad

Nuestros cuerpos se acoplaban
en la danza rítmica, un eterno bamboleo
Conducidos por las ansias de fundirse
con caricias y besos cobijados nada más por el deseo

Entre miradas y gemidos
compartimos nuevamente la humedad
Respirar se hizo arduo, imposible
Pero fue más difícil despertar.

# Murieron

Como olas golpeando las rocas
Así fueron los te quiero
En la oscuridad de la noche se perdieron
Las caricias, los anhelos.

En las cuerdas mudas se enredaron
Las palabras bellas que dije
Como velas en la brisa
Como llamas que se extinguen

En un pozo profundo cayeron
Junto a los besos, los te quiero
Hoy la boca calla
El corazón se hace hielo

# Tú, mi refugio.

Cuando los días son largos
La neblina cubre el juicio
Y el corazón ya fracturado y cansado
busca silencio, descanso, paz.

El pasado abruma y el futuro es difuso.
Cierro los ojos y veo los tuyos
Imagino tu voz y respiro tu aroma
Y todo vuelve a tener sentido
Tengo entonces la certeza de que todo estará bien.

# Tú no sabes querer

No, tú no sabes querer
El que quiere no oculta
El que ama no miente
El que quiere no lastima
El amor no engaña

Me hice cómplice de tus mentiras
Me hiciste parte de esta treta
Nuestro querer jamás será libre
Mientras usemos esta careta

# Sin ti no puedo

Trato de acallar esto que siento
intento ignorar esto que me quema
que me inflama el corazón y me incendia el cuerpo.

Pero es más grande que yo
más fuerte que mi voluntad
más profundo que mi anhelo por olvidar

Esta lucha por arrancar este deseo
enloquece mi mente
desgarra mi alma

# Siempre

Jamás dejaré de decirte que te quiero
Aunque responda el silencio
Aunque pierda la voz y tenga que decirlo en un susurro,
en mil susurros.
Porque no decirlo me tortura.
Jamás dejaré de decirte que te quiero.

# Libres, juntos

Abrimos las puertas, desplegamos las alas
Descubrimos que el amor es más fuerte sin amarras

Liberamos las mentes, entramos en razón
Comprendimos que no es cuestión de cuerpos sino del
corazón

Hoy sabemos que no importa con quien o en donde
estemos
Porque al final del día siempre somos nosotros y a
nosotros volveremos

# Me dejaste sola

Me dejaste sola, me rompiste el alma
Te di mi ser completo
Te dediqué miradas y te ofrecí canciones
Me dejaste sola, vacía

Te regalé mis besos
Te ofrecí mis abrazos
Te dediqué los más sinceros detalles
Me dejaste sola, me diste nada

Te lloré, te esperaba
Con el alma y el corazón heridos
Entendí al final que no llegarías
Me dejaste sola, mis manos vacías

Hoy regresas pidiendo, esperando
Y no caes en cuenta que no tengo más
Te ofrezco mi nada
Me dejaste sola, me rompiste el alma

# ¿Por qué me quieres?

¿Por qué me quieres? Preguntó
¿Cómo no hacerlo? Pensé...

Si cuando me abrazas el mundo desaparece por unos segundos.
Si cuando desespero y enloquezco tú me das tu paz. Si eres mi ancla, mi refugio, mi amigo, mi lugar seguro.

Si has visto lo peor de mí.
Mi locura, mi niña herida y mis enojos sin sentido. Y a pesar de todo sigues aquí.

Si sabes con paciencia convertir mi mal humor en risa.
Me conoces y me quieres, así como soy.

# Espejo

Te encontré un día rota y dormida
Lejana, vencida, desconocida.
Ahogada en un río salado de sollozos
Olvidada por ti, ajena del mundo.

Te encontré sola, perdida
Abrazando el silencio y la locura
Sin destino, sin motivo
Olvidada por ti, ajena de la realidad

Te encontré dormida, oscura
Ciega al color del día
A blanco y negro, sin vida.
Olvidada por ti, ajena a la luz

# Corazón Cobarde

Esta verdad como agujas en el alma
Un corazón que sabe que se engaña
Que es ladrón de momentos
Y se aferra a ellos evitando que acaben

Prisionero de un amor que no es suyo
Traicionero y egoísta con el mundo
No le importa más que su propio destino
Aun sabiendo su fatal desenlace

Evita la verdad a toda costa
Pero esta lo golpea, se aparece de la nada
Y le recuerda una vez más
Que es ladrón de cariño

¿Cuándo serás valiente tú corazón cobarde?

# No preciso el momento

No preciso el momento
Pero sé que alguna vez fui libre
No recuerdo como
Pero mi espíritu se elevaba

Fue hace mucho tiempo
Tomaba impulso, corría a toda prisa
Fue hace poco tiempo
Volaba con los brazos abiertos, como ave

No preciso el momento
Pero me ataron las alas
No recuerdo como
Pero mis pies se convirtieron en roca

Fue hace mucho tiempo
Mis pies dejaron de correr
Fue hace poco tiempo
Mi alma se hundió en lo profundo

# Me voy

Puede ser que hoy no lo entiendas
Pero si me voy es porque te quiero,
Porque finalmente comprendí
Que estaremos mejor así.

Si no me pidas que me quede
Tus palabras siempre han sido certeras
Yo soy débil y lograrás convencerme
Esta vez no hay vuelta atrás

# Le extraño

Disculpe el atrevimiento, pero necesito decirle.
Es necesario que sepa que le extraño.
Extraño descansar desnuda a su lado.
Extraño su boca, su sonrisa.
Extraño sus manos, sus caricias.
Extraño sus palabras, su voz.
Extraño su aroma.
Pero sobre todo extraño sus ojos en los que podía perderme por horas.
Extraño esa mirada intensa que desnudaba mi alma y me hacía sentir como en casa.
Disculpe que se lo diga, pero le extraño.

# Caída libre

En caída libre va el alma
El corazón ya cansado le acompaña
El ser completo se desploma
Y la vida parece volar por la ventana

¿Cuánto dolor puede soportar?
El corazón le fue arrancado del pecho.
Derrotada y triste está ella
Perdida la mirada, llora.

Un golpe seco, la realidad,
Detiene la caída en un pestañeo.
Mil pedazos, es ella en el suelo
Un millón de sueños rotos.

# Deseo

Esta tarde el frío queda fuera
Son los brazos que me rodean
La fuerza de manos grandes y firmes
Sostienen mi ser en un abrazo infinito.

El calor de ese cuerpo que me da vida
El aliento en mi cuello que estremece mi ser
Puedo sentir el deseo creciendo
Su sexo presionando contra mis suaves curvas.

Palabras que susurran en mi oído
son como yesca, dan vida al fuego
Hacen que mi ser entero vibre
Mi cuerpo lo necesita tanto como mi alma.

# Pasión

En días como hoy donde la pasión se desborda y los sentimientos están a flor de piel como tatuajes coloridos y visibles deseo con todas las fuerzas decírtelo todo, quererte con mi ser completo.

Pero tengo miedo de que creas que soy demasiado. Y me arrepiento de decirte lo que siento, y me disculpo, me lamento, enloquezco.

Porque me aterra la idea de alejarte, de perderte. Y es entonces cuando me contengo.
Y me hago la promesa de no volver a decirte cuanto te quiero.

Retrocedo y guardo mi locura bajo llave dentro de mi pecho donde se irá acumulando y esperará el momento para salir de nuevo.

# Café Pendiente

Nuestro propio mundo lleno de rituales tan simples y tan honestos, que se hicieron parte de nuestra rutina.

Entre un millón de buenos días y otros tantos miles de buenas noches y sonrisas y besos y corazones que fueron cambiando de color en éste, nuestro mundo.

Cuanto cariño se puede compartir en nuestra danza sencilla, sincera. Llena de palabras, de listas, de cafés pendientes.

Llena de enojos y reproches, de silencios, de palabras no dichas. De conversaciones sin sentido y otras veces tan profundas que sólo nosotros podríamos descifrar.

No sé bien cuándo ni cómo llegamos aquí.
Pero mi corazón se detiene y me falta el aliento al pensar en que algún día éste, nuestro mundo, que para muchos no tiene sentido, pueda dejar de existir.

# Torbellino

Torbellino violento de palabras que golpean la mente, se alborotan por salir de ella atropelladamente y se derraman como agua sobre el papel.

Sentimientos desbocados e inquietos nacen en el alma y toman forma poco a poco en un instante y se plasman en el lienzo de la piel.

# Llena de Ti

En mi piel se desbordan tus caricias
Mi mente está llena de ti, de tu imagen, no puedo dejar de pensarte.
Mis sentidos se saturan de ti. De tu aroma, de tu sabor, de tu calor.

Estoy toda llena de ti.
De tus palabras susurrando en mi oído
De tus ojos café, de tus miradas que penetran mis murallas y hacen que me rinda ante ellas.

Mi corazón está lleno de ti.
Mi alma se conecta contigo y tu esencia me abruma con una avalancha de sentimientos.
Estoy completamente llena de ti.

# Estás ausente

Como arena entre mis manos te deslizas suavemente y de pronto y sin notarlo estás ausente.

Y mi alma se marchita al mirarte tan lejano y el corazón pareciera fallecer en cada palpitar pausado.

Es entonces que la mente se nubla y acuden a mí mil palabras y emociones que no dije y le sigue el torrente de las prosas que sí alcancé a decir.

Muero de miedo y la angustia domina mi ser entero al comprender que tu ausencia pudiera no ser algo pasajero.

En un intento fallido de seguir viviendo, mi boca suspira un último aliento, donde poco a poco libera el dolor de tu ausencia, sabiendo muy dentro que no puede así sobrevivir.

# Llamas gemelas

Hay amores más allá de la lógica
Conexiones que no se pueden explicar.
Seres afines con los que sabes que podrías estar el resto de los días.
Almas familiares que podrías jurar que se conocieron en otras vidas.

# Dolor

Me divide en dos esto que arde en mi pecho.
Me destroza en mil pedazos.
Duele tanto que no hay espacio para respirar
Es tan profundo, tan intenso, tan real.

# Adicta a ti

Son tus manos que con fuerza me sostienen
Esos dedos que recorren mi cuerpo dibujando caminos en la suavidad de mi piel
Cada toque, cada caricia genera una descarga de electricidad que me hace retorcer.
Liberas mi humedad y te apoderas de mis caderas en un rítmico vaivén.
Aceleras mis latidos, mi respiración se agita.
El tiempo desaparece y por un momento es como si no existiera nada más que nuestros cuerpos
Tus ojos me hipnotizan y me pierdo en esta locura.
Soy adicta a tus manos, a tu cuerpo a tu mirar.

# Instantes

Me hice adicta a tus ojos, cuando me mirabas el mundo se detenía.
Extraño con locura esos momentos, esas miradas.
Robarle a la vida un instante contigo es lo único que pido.

# Otros ojos en mi

¿Para qué quiero todos esos halagos y miradas sobre mí? Si los únicos ojos que deseo que me miren y los únicos labios que deseo que me halaguen no lo hacen.

# Hermosa Criatura

Hermosa y llena de luz en medio de la gente se pasea como el ave hermosa que sabe que es.

Camina segura de sus pasos con sus alas extendidas anhelando que él la mire, que por un instante coloque sus ojos en ella como lo hacen otros, como hacen todos.

Pero él parece ignorarla, indiferente a su belleza no emite sonidos y pasa de largo.

Ella baja sus alas y sus colores se apagan, su corazón se entristece.

El dice amarla, pero no la mira. ¿Por qué calla?
Su silencio arranca poco a poco su luz y su brillo se opaca.

Los otros la miran, la rodean y la halagan, pero ella no los escucha pues quien su corazón desea permanece sin palabras.

Pero él es incapaz de mirarla, no sabe cómo llenarla de palabras hermosas, no tiene idea de que la pierde cada vez que calla.

Ella llora en silencio pero pronto se enjuga las lágrimas. Levanta el pecho y nuevamente extiende las alas.

Aunque lo ama se aleja porque al fin entendió que la indiferencia mata.

# Amor ingenuo

Que ingenuo eres corazón que te tragas sus mentiras.
Que tan crédulo eres que no logras ver la realidad.
Y te llenas de falsas esperanzas y te engañas al pensar que algo pueda cambiar.

Amor estúpido, que ciegamente confías y creas castillos de humo donde hospedar tus sueños.
Basta una palabra de sus labios para que se aceleren tus latidos y te pierdas en su laberinto de promesas falsas.

Abre los ojos corazón, enfrenta con valor la realidad.
Deja ir tus falsas esperanzas. Que aunque duela es hora ya de despertar

## Mi refugio

Eres tú mi lugar seguro, mi refugio.
En tu abrazo siempre encuentro paz
En tus ojos veo amor
Y sé que en ti puedo confiar.

Eres tú quien me da todo sin pedir nada a cambio.
Tus caricias sanan todas mis heridas
Tus palabras calman mis tormentas
Y sé que tu amor es real.

Eres tú mi refugio, mi paz, mi amigo, mi amor, eres quien sujeta día a día mi mano.
Eres tú mi refugio, no me sueltes amor, que sin ti no puedo seguir.

## Amor estúpido

El amor estúpido que nos nubla la mente y ciega el corazón.
Corazón idiota que quiere creer en ti pero que sabe que eres humo, mentiras y dolor.

No mereces mi amor, no mereces su amor.
Amor mentiroso. Quédate con tu querer a medias. Con tus promesas de papel.
Muere con tus mentiras.

Déjame ir, déjame ser libre de encontrar un amor completo.
Amor mentiroso, amor estúpido. Déjame romper las cadenas que me atan a ti.

Quédate con tus palabras. Muere con la indiferencia.
Corazón cobarde, da el salto o déjame volar con libertad junto a quien me pueda dar su amor completo.

# Mírate tú

Mírate tu hecha de fuego y de luz
Tan bella, tan distante, tan etérea
Tu piel resplandece tanto como tu alma.
Tu aura brillante e intensa deja una estela de vida al pasar.

Ahora mírate tu llena de sombras y dudas
Tan sola, tan triste, el alma te pesa.
Tu rostro marchito está lleno de angustia
Tu fuego se apaga con cada lágrima.

Reclama tu luz y tu fuego
A quien te robo tanta vida
Enciende la chispa de nuevo
Mírate tú, vuelve querida mía.

# Te Olvidaré

Dejaré de quererte
Dejaré de adorarte
Nunca más seré tuya
Y vendrás a buscarme

Olvidaré tus besos
Arrancaré tus caricias
Apagaré esto que siento
Tú vivirás extrañándome

Te sacaré de mi mente
No escucharás más te quiero
Lo que una vez nos unió
será solo un recuerdo.

# Un día más

Te amaré un día más
Un instante será suficiente
Un momento se tornará eternidad
Un segundo entre tus brazos bastará

Te amaré una noche más
Una mirada congelará el tiempo
Te amaré un instante más.
Y podré entonces finalmente olvidar.

# Ansiedad

Es un monstruo que susurra en tu oído
Que nubla la mente y confunde la razón
Es el gigante que se acerca a devorarte
Te ciega con su negro velo.

Te ataca, te detiene y te tortura
Verdugo listo para ejecutar tu cordura.
Te golpea así de pronto y te deja sin aliento.
Y te empuja hacia el filo del abismo.

Es la navaja en tu cuello
Una mano que estrangula
Un disparo directo al corazón.
Llevándote al borde de la locura.

# Palabras vacías

Labios que pronuncian palabras vacías
Promesas que mueren antes de nacer
Amor egoísta que lo espera todo
Sin dar tan solo un poquito de sí.

Señalas y culpas, creyéndote víctima
Sin ver más allá de lo que te afecta a ti.
Mentiras, mentiras, palabras vacías
No voy a esperar nada más de ti.

Ya no creo más en promesas vacías
Ya no puedo más creer en ti.
Al fin he entiendo que amar tú no sabes
Hoy puedo decir que me voy de ti.

# Fuerza de la naturaleza

Eres tormenta que no se puede calmar
Terremoto que a su paso estremece
Dejando huellas a su enérgico caminar
Una diosa, un demonio que nadie se atreve a domar.

Tu alma vagabunda se pasea
No crees en ataduras ni en cadenas
Tu voz es tan fuerte y a la vez serena
Tu espíritu, un caballo salvaje que nadie se atreve a montar.

# Universos

Guardas en ti universos
Increíbles mundos de colores
Abres tu boca y suspiras galaxias
Tu vientre es fuego que arde.

Eres capaz de dar luz a sus mundos
Tus ojos son hipnotizantes estrellas.
De ti nacen dioses y monstruos
En ti mueren soles y planetas.

# Conexión

Me hechizaron tus ojos
Tu alma me dejó sin aliento
Fueron tus miradas envueltas en silencios
Y tus suaves besos los que me fueron enloqueciendo.

Es tu mente tan hermosa la que me ha enamorado
Son tu voz y tus palabras las que mi amor han robado.
Tus caricias son las que más anhelo.
Un momento en tus brazos solo eso quiero.

# Luna

Luna hermosa, luna blanca
Tócame con tu mirada
Báñame con tu luz
Ámame tú si él se niega

Luna hermosa, luna llena
Susúrrale al oído que soy yo quien lo espera
Recuérdale que lo quiero
Cuéntale mis penas.

Luna hermosa, eterna compañera
Tócalo con tu mirada
Cobíjalo con tu luz
Ámalo tú que lo tienes cerca

# Me diste nada

Te pediré nada, porque nada me has dado.
No te daré nada, porque ya te di todo.
Donde hubo confianza, hoy vive la duda.
Te confundí con mi lugar seguro pero me hundí.

Te abrí mi alma y rogué solo un poco de ti.
Me diste silencio, me diste dolor, me diste culpa.
Te pedí que me soltaras y te aferraste a mí.
Te pedí que me escucharas y te cerraste.

Te pensé diferente, pero eras uno más.
Me enseñaste indiferencia.
Te pediré nada, porque nada me has dado.
No te daré más, porque ya te di todo.
Ya no confío en ti.

# Te Extraño

Mi piel desea tu piel
Mi humedad te reclama
Quiero sentir la tibieza de tus labios.
He olvidado el olor de tu cuerpo.

Mi cuerpo se marchita sin el toque de tus manos
Mi alma se quebranta sin tu abrazo
Mis ojos buscan desesperadamente tu mirada.
Pero sobre todo te extraño.

# Dile

Dile que es a mí a quien extrañas
Que es conmigo con quien sueñas
Que es a mí a quien amas
Dile que conoces mi cuerpo
Que has probado mis labios
Y has gemido en mi oído
Cuéntale que soy yo quien te ama

Dile que has tocado mi piel
Que has dormido en mis brazos
Que a diario me hablas
Cuéntale que he estado entre tus brazos
Que he estado entre tus piernas
Que has probado mis pechos
Y que aún me deseas.

# Lucía

Eres aire, libre y etérea.
Inocente como el alma que nace.
Eres mi luz, amanecer de mi vida.
Alegría pura es tu sonrisa.

Eres fuerza, ímpetu y vida.
Un sueño lleno de color
Arcoíris, promesa del cielo.
Abrazo tibio que calma mi dolor.

# Tómame

Deseo fundirme en tu piel
Detener el tiempo entre tus brazos
Perderme de nuevo en tus ojos
Y morir una y otra vez prendida a tus caderas

Hazme sentir que me amas
Miente si es necesario
Quiero perder la cordura
Y que mi cuerpo se estremezca con el roce de tus dedos

Róbame el aliento con tus besos
Tómame sin pudor y sin miedos
Déjame gemir en tu oído
Y que seamos uno en el vaivén constante de nuestros cuerpos.

# Amor de mi vida

Amor de mi vida
Compañero de mis días
Mortal e imperfecto
Real y honesto

Sin certeza del futuro
Con conciencia del pasado
Los fantasmas acechan
Pero es a ti a quien amo

No importa el destino
Serás siempre el refugio
Mi amor y mi amigo
Mi amante, mi mundo.

# Conexión

Somos almas danzando en el viento
Corazones sincronizados en el tiempo
Un amor que más allá de la piel
Cómplices en un mundo tan nuestro

Nos domina el mismo sentimiento
Enlazadas las mentes, los cuerpos
Disfrutamos de cada momento
Llamas de un enlace eterno

# Dolor

Como animal furioso se aproxima
Lo sientes, lo escuchas, sabes que está ahí
Su aliento en tu cuello te eriza
Está frente tuyo, no lo quieres ver

Te embiste de pronto con todas sus fuerzas
El golpe despierta todos tus sentidos
Sangras, lloras, recoges las piezas
Te armas de nuevo esperando no volverlo a ver.

# Anoche

Poséeme una vez más
Sin reglas, sin tapujos, sin miedos
Dejemos que la lujuria nos envuelva y nos haga suyos
Que el calor de los cuerpos sea lo único que nos guíe

Tómame fuertemente, quiero sentir la fuerza de tus manos
Quiero sentir el golpeteo de tu cuerpo contra el mío
Y saber que estás dentro de mi, enloquecer y morir contigo
Que nuestros cuerpos terminen exhaustos de tanto querer.

# Por fin te olvidé

Me enamoré de ti con todas mis fuerzas,
Te quise como nadie te ha querido.
Fuiste ese ser que liberó mi alma
Recorrió mi piel y domó mis ansias.

Te esperé, te busqué, supliqué
Te alejaste, me heriste, te lloré
Fuiste salvador y verdugo
Y hoy por fin me libero de tu embrujo.

Hoy por fin diré que te olvidé.

# Acaso no lo sabes

Acaso no reconoces el grito desesperado
Ese que sale del alma perdida,
Del corazón marchito luchando por sobrevivir a esta nueva manera de querer

Acaso no te das cuenta de que me hundo
Que esta fachada es solamente una farsa
Que cubre el miedo de estar muriendo
Me aferro a la idea de ser fuerte, pero me quiebro.

# Tortura

¿Cuánto amor puede resistir el alma?
Cuando el corazón se fractura poco a poco
Cuando el olvido nunca llega como el consuelo anhelado.
Cuando el mundo se detiene como una mala pasada del destino y contempla como este sentimiento me enloquece y me consume.

¿Cuánto dolor puede resistir el alma?
Si mirarte a los ojos es tortura
Si el aroma de tu cuerpo es veneno que quema.
Si tu aliento es licor que me embriaga.
Si tu presencia me tortura pero el tenerte lejos me mata.

# Dejar ir

Y el corazón deja un día de añorar.
Suelta el peso que le ancla al suelo
Y se aleja de aquello que le lastima
Logra al fin levantar vuelo.

Y el querer que le tenía
se transforma, se apacigua.
Deja entonces de esperar
Y por fin de él se olvida

# No soy yo

No seré yo quien te invite a ver la luna.
Nunca más te pediré compañía
No será jamás contigo con quien recorra los días.

Porque nunca fuiste tú, porque nunca seré yo
He aprendido a no esperar, a nunca más preguntar
Soy aquella que ha aprendido a dejarte de amar.

# Rebeca

Mi espejo, mi reflejo
Te amo tanto mi vida
Por ti lo daría todo
Contigo estaré cada día

Floreces y te alejas de mi
Un alma tan similar a la mía
Eres bella, no eres mía
Primer amor de mi vida

# Plegaria

Lanzaré mis plegarias al cielo.
Rogaré a la luna que te cuide
en tus noches de desvelo.
Cantaré una oración a las estrellas
para que te acompañen hoy que yo no puedo.
Pediré a Dios que te conceda todos tus anhelos.

# Vientre vacío

Es la luz que se escurre de entre las piernas
Dejando el vientre vacío y el alma enferma
Es la esperanza que decide morir
Liberando una cascada de dolor que nunca merma

Es la vida que sin comenzar ya cesa
Extendiendo sus alas el vuelo comienza
Es el ángel que los brazos no llegan a alcanzar
Viviendo con el recuerdo de a quien jamás pudiste tocar

# Suicida

Un arrastrar de cadenas pesadas es esta existencia.
Una carga que hunde el corazón y aprieta el alma.
¿Qué sentido tiene el ser?
¿Quién me ha de extrañar cuando ya no esté?

Está mi alma condenada a padecer
Pues no soy capaz de acabar con este viaje
Falta fuerza, falta vida y falta coraje.
Sobran ganas de volar y de ser libre.

# Pretender

Viviré así fingiendo que nada ha pasado
Ocultando esto que vive en mi alma
Queriendo, amando en silencio
Ahogaré este sentimiento
Trataré de ser feliz sin ti.

# Lo siento, lo siento

Te pido perdón porque fui cobarde.
Porque te lastimé y hoy asumo mi parte
Porque tuve miedo y hui, no fui capaz de quedarme.
Te pido perdón por creerte el único culpable.

## Renacer

Caerás vencido corazón, por este amor sin sentido que te golpea, que te mantiene en el olvido.

Morirás esperando una palabra, una caricia que reviva tus latidos, que te regrese un poquito de lo que has ofrecido.

Renacerás luego de las cenizas, más fuerte, más cauto y menos atrevido, construirás una muralla de miedos y dudas con los ladrillos de lo ya vivido.

## Amarme

Te amé de veras, no lo dudes
Te quise con el corazón
Te amé con el alma y con la mente
Te lloré, te esperé y te olvidé

Finalmente abrí los ojos
Finalmente entendí
Finalmente conocí el amor
Finalmente aprendí a amarme a mi.

## Ambigua

Soy un alma que deambula en un limbo de ambigüedad
Navegando entre el día y la noche
Perdida entre el ayer y el hoy, entre el sí y el no.
Colmada de holas y adioses
Queriendo olvidar y aferrándose al recuerdo.
Amando y odiando a un mismo ritmo, a un mismo tiempo.
Soy un corazón partido en dos.

# Soy

La razón que te mantiene en vela
La pasión que inquieta tu piel
El fuego que arde en tu mente
Quien tu cuerpo desnuda y tu alma revela.

El calor que recorre tus piernas
El deseo que enciende tu sexo
Copas llenas los pechos
Que calman la sed de lujuria y demencia

El pensamiento latente que quema
La humedad que tu vientre llena
Una diosa de fuego y cadencia
Quien embruja tus sueños y tus demonios libera.

# Me enamoras

Me enamora la curva que hace tu boca al sonreír.

Las pequeñas arrugas junto a tus ojos cuando me miras.
Tus lunares y cicatrices son los mapas que siguen mis dedos al recorrer tu piel.
Me enamoras.

# Otra vez

Nuevamente se desboca el corazón
Y los sentidos se adormecen
No puedo evitar querer huir de ti
Necesito huir de ti, de tus ojos, de los recuerdos
Déjame ir, déjame olvidar
No puedo volver a caer en la trampa de tu mirar
No debo dejar que esto que siento me domine
Nuevamente el deseo de escapar me comienza a quemar.

# Amantes Nocturnos

Y así de repente cae el manto oscuro de la noche.
La luna blanca se posa en lo alto.
Y ella cae en sus brazos entre sedas y satines.
La humedad de las pieles en un río salado.
El aliento, tibio intercambio de besos robados.
La cordura perdida entre deseos guardados.
En caída libre va él, estrellándose contra el carmín de sus labios.
El corazón palpitando al ritmo de sus vientres.
El sol se aproxima, ella se irá cuando el alba asome.

# Pacto de almas

Fue como si al mirarte te reconociera.
Aunque creí no haberte visto nunca antes.
Quizás en otros mundos.
Quizás en otras vidas.
Nuestras almas lo sabían.
Habíamos estado así en un pasado y lo estaríamos de nuevo en la siguiente vida.
Porque lo prometimos algún día.

# Conjuro

Más que palabras y rimas
Versos que llevan matices de embrujo.
Cantos desesperados de un corazón que clama.
Conjuro elaborado para atarlo a su vida.
Hechizos de luna que hacen que le pienses, que le sueñes.
Cuidadosamente elegidos el verso y el poema para atraparle cuando le vea.

# Si te perdiera

El corazón se detiene y el alma se hiela
Como si en un abismo infinito cayera
Es perder el aliento, el aire falta
Escalofrío que recorre tu espalda

Mi ser sin remedio se desgarra
La idea de perderlo me mata
Como perder la mitad de la vida, la mitad del alma.
Mejor mátame ahora antes de que te vayas

# Danza de Luna

Blanca y eterna en el cielo
Es ella quien vela mis sueños
Quien guía mis pasos etéreos
Es ella quien presencia mi danza desnuda

# Guapo

El sonido de tu voz en mi oído
El olor de tu piel que me embriaga
Corazón desbocado en un millón de latidos
Me pierdo en ti, en los recuerdos

Mi alma te busca en mis sueños
Mi cuerpo desnudo te clama
Mis sentidos se nublan por completo
La humedad de mi vientre te llama

# Acerca de la Autora

Marianela Rojas Guillén, nacida en San José, Costa Rica en 1980. Graduada de Ingeniería en Sistemas.

Amante del dibujo y la escritura.

***

Espero que hayas disfrutado el viaje por estas páginas que encierran un parte de mi vida y de mi alma.

www.ingramcontent.com/pod-product-compliance
Lightning Source LLC
LaVergne TN
LVHW052104160826
845678LV00015B/3356

* 9 7 9 8 8 4 5 8 3 7 8 5 1 *